SPOT

VEHÍCULOS MOTORIZADOS

LOS DRAGSTERS

por Alissa Thielges

amicus
LEARNING

pista

semáforo

Busca estas palabras e imágenes mientras lees.

neumático

tubo de escape

Un auto pasa a toda velocidad.
Es un dragster.

Estos autos son superrápidos. Los conductores se sienten como si estuvieran en un cohete.

Midland
Swiss Quality Oil.
ERBACHER.BIZ
COVER MEDIA

SANTA
coldfire
firefighting
official firefighting partner

pista

¿Ves la pista?

Es corta.

Los autos compiten en ella.

PRE-STAGE
STAGE

semáforo

¿Ves el semáforo?
Las luces parpadean.
El verde significa ¡ya!

¿Ves los neumáticos grandes?
Giran rápido.
Se quema el caucho.

neumático

NFC

¿Ves el tubo de escape?
Se calienta el combustible.
¡Se incendia!

tubo de escape

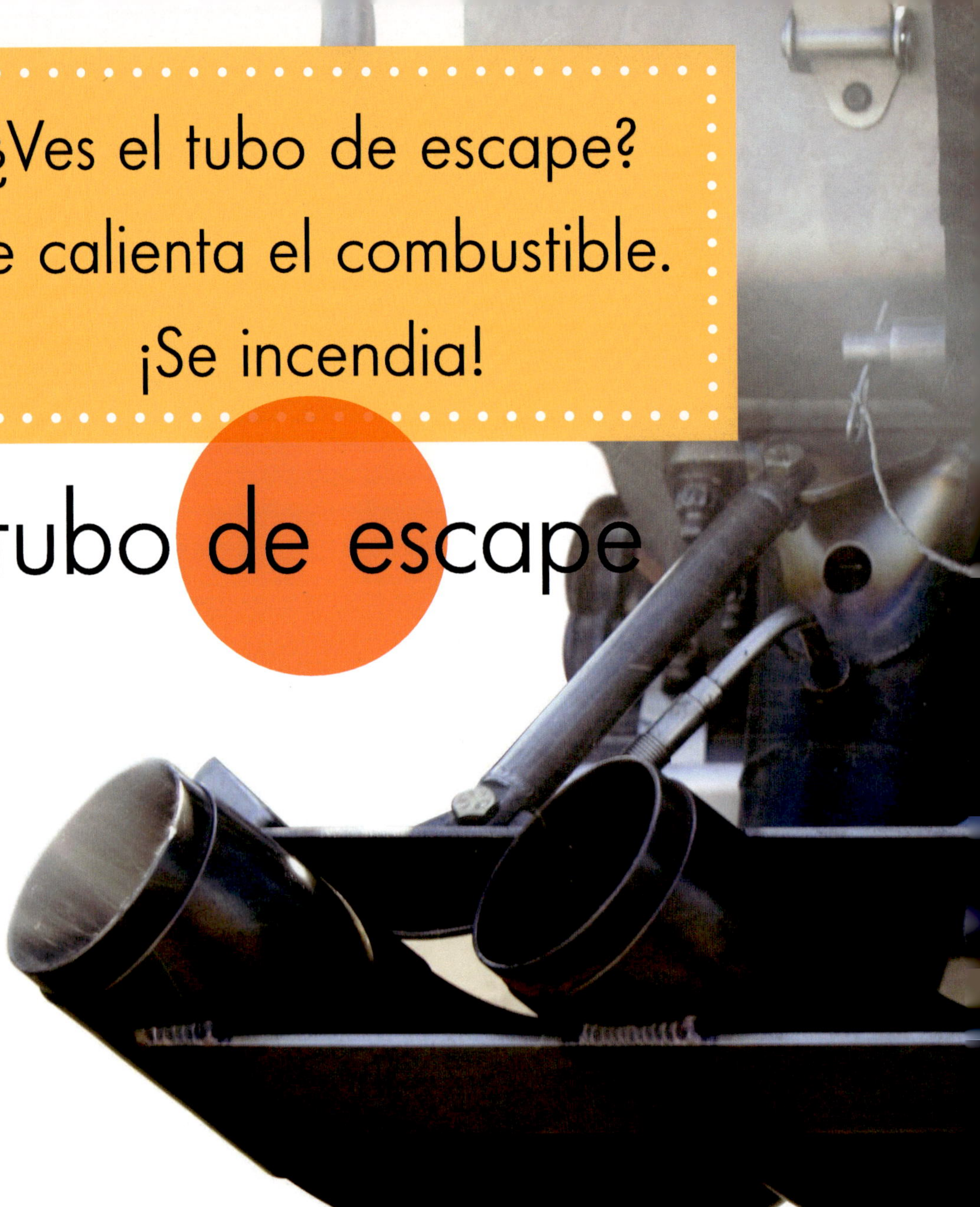

Titanium and Aluminum Performance Products
www.diversatech.com

Los dragsters despegan.
¡La carrera termina
en siete segundos!

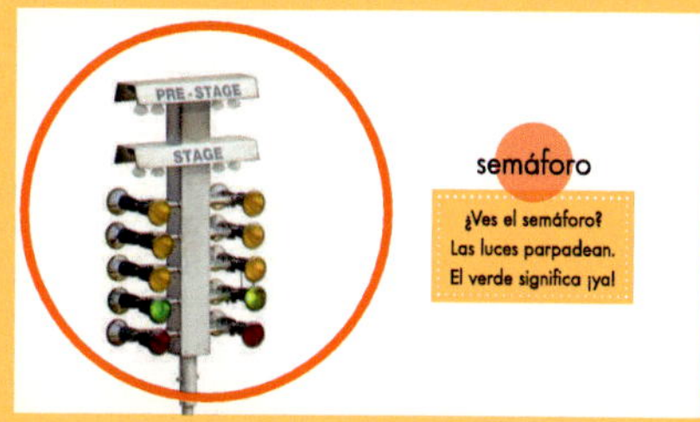

pista

semáforo

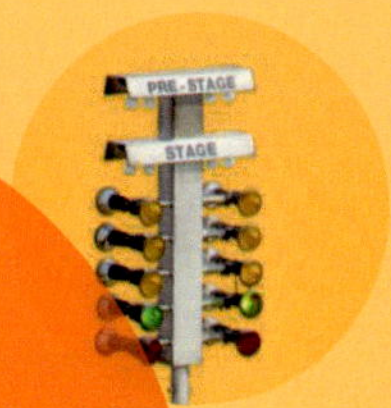

¿Lo encontraste?

neumático

tubo de escape

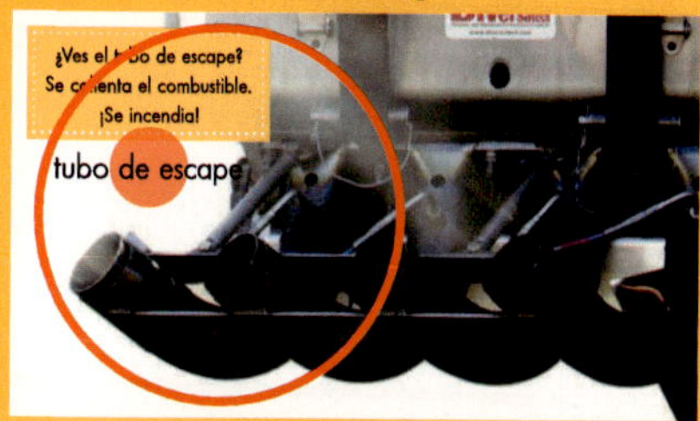

SPOT

Publicado por Amicus Learning, un sello de Amicus
P.O. Box 227, Mankato, MN 56002
www.amicuspublishing.us

Library of Congress Cataloging-in-Publication Data
Names: Thielges, Alissa, 1995- author.
Title: Los dragsters / by Alissa Thielges.
Other titles: Dragsters. Spanish
Description: Mankato, MN : Amicus Learning, [2026] | Series: Vehículos motorizados | Audience: Ages 4–7 | Audience: Grades K–1 | Summary: "Dragsters are lightweight race cars known for their wide rear tires and use in drag races. Translated into North American Spanish, this search-and-find book reinforces new vocabulary words with simple facts and compelling photographs to teach kindergarten readers about motorsports"— Provided by publisher.
Identifiers: LCCN 2024051313 (print) | LCCN 2024051314 (ebook) | ISBN 9798892006613 (library binding) | ISBN 9798892007214 (paperback) | ISBN 9798892007818 (ebook)
Subjects: LCSH: Dragsters—Juvenile literature. | Drag racing—Juvenile literature. | CYAC: Dragsters. | Drag racing.
Classification: LCC TL236.2 .T5318 2026 (print) | LCC TL236.2 (ebook) | DDC 629.228/5—dc23/eng/20241214

Ana Brauer, editora
Deb Miner, diseñador de la serie
Sara Hood, diseñador de libro y investigación fotográfica

Créditos de Imágenes: Alamy Stock Photo/Kelvin Webb, 12–13, Screenbyte, 10–11, Tony Watson, 4–5; Dreamstime/Chris Boswell, 1, G00b, cover; Getty Images/David Allio/Icon Sportswire, 3, Jeff Speer/Icon Sportswire, 14; Shutterstock/Oil and Gas Photographer, 8; Wikimedia Commons/Daniel Smith, 6–7